D1618126

DIE ROSEN MEINER LIEBE

GERDA JOHST

DIE ROSEN MEINER LIEBE

MARIA SPRICHT ZU UNS

REICHL VERLAG
DER LEUCHTER
ST. GOAR

Einbandgestaltung: Elisabeth Pabst, Norath

„Die Rosen meiner Liebe" ist, gelesen
von Gerda Johst, auch als Kassette erhältlich

ISO 9706

3. Auflage 7.–8. Tsd.
1996

Copyright 1985, 1996 by Reichl Verlag, D-56329 St. Goar
Gesamtherstellung: Verlagsdruckerei Otto W. Zluhan, Bietigheim
Hergestellt auf säurefreiem, alterungsbeständigen Papier

ISBN 3-87667-083-7

INHALT

ZEIT UND EWIGKEIT

I. TEIL

II. TEIL

Dieser Zyklus über „Zeit und Ewigkeit" ist ein Geschenk Marias. Ich erhielt den ersten Teil im Laufe des Jahres 1984, den umfangreicheren zweiten Teil in den ersten drei Monaten dieses Jahres, den Abschluß am Ostersonntag und Ostermontag (den 7./8. April 1985). Ich habe die Worte, wie ich sie hörte, mitgeschrieben oder Satz für Satz, durch Nachsprechen, mit einem kleinen Diktaphon aufgenommen.

14. 4. 1985   *Gerda Johst*

ERSTER TEIL

ZEIT UND EWIGKEIT

I

Es ist ein Maß, das ihr erfüllen müßt
in eurem Erdenleben:
das Maß der Z e i t.

Zeit ist ein heiliges Gefäß.
Es sind darin die Jahre, Tage,
Stunden und Minuten
eingraviert.

Zeit ist Gehalt des Lebens,
kostbarster Besitz!

Durch Zeit erwerbt ihr euch
die Ewigkeit,
gewinnt oder verliert
des Geistes wie des Herzens
eingegebnen Werte,
der Zukunft Glück,
der Seele Heil.

Wer die ihm zubemessene Zeit
mißachtet, versäumt, verschwätzt,
beschmutzt, verdirbt,
verfehlt des Lebens hohes Ziel.

II

Es ist die Zeit,
die euch das Tor zur Ewigkeit
erschließt.
Der hohe Zukunftsweg der Seele
ist ohne körperliches Dasein
hier auf Erden
nicht zu erreichen.
So also seid ihr nur geboren
im Blutstrom, der sich durch Jahrhunderte,
Jahrtausende und Jahrmillionen
hindrängte bis zu eurem Leben,
damit sich reines, starkes, ewiges Leben bilde,
der Gottheit greifbar, die euch schuf.

III

Es drängt die Zeit!
Des Himmels sternenweiter Ruf an euch
heißt W a n d l u n g !
O wandelt euch, ihr Menschen,
und begreift,
daß nichts so zählt auf Erden
wie die Zeit.
Es zählt nicht Geld und Gut,
nicht Reichtum und Besitz —

es zählt die Zeit,
die euch gegeben ist zur Reifung,
der flücht'gen Tage angemessene Erfüllung;
es zählt die gottgewollte T a t !

IV

Untätigkeit ist schwere Schuld,
wenn Gottes Wille E i n s a t z fordert.
So handelt jetzt!
Und duldet nicht, daß Habgier,
Roheit, Eitelkeit und Unverstand
der Schöpfung tausendfält'ges Blühen
in der euch anvertrauten Welt
zugrunde richten!
Kämpft mutig, mit der Macht der Liebe,
gegen das Heer der gottentfremdeten Vernichter!

V

Zeit ist ein heiliges Gefäß,
das ihr mit unvergänglich heil'gen Werten
füllen sollt.
In jeder Stunde wartet Gott
auf eurer Herzen hohe Schwingung,
auf eurer Seelen reinen Glanz,

auf eures Geistes Demut
und auf der Liebe Zueinanderströmen
der Gleichempfindenden, Berufenen
aller Völker. Und j e d e r ist berufen,
der Herz und Seele hat,
Geist und Verstand,
wie es ein hohes Menschsein gibt und fordert.

VI

Leihgabe ist das Leben nur
hier auf der Erde,
besitzen werdet ihr es erst in unserer Welt.
Jetzt aber gilt es zu bestehen und, zeitgebunden,
auf die Stimmen aus der Ewigkeit zu lauschen.
Ihr könnt es alle: b e t e t !

Betet um Kraft, bittet um Hilfe,
und die stärksten Mächte aus Gottes Sternenwelt
verbünden sich euch.
So werdet ihr Berge versetzen, Dämme bauen
und große Taten vollbringen,
um das heilige Erbe des Lebens,
das ihr übernahmt,
vor dem Untergang zu bewahren
und die E r d e z u r e t t e n .

VII

O ihr entwürdigten Menschen!
Entwürdigt durch eure Gleichgültigkeit
dem Zeitgeschehen gegenüber,
dem zerstörerischen Wirken der Entglittenen;
entwürdigt durch eure Selbstüberheblichkeit,
mit der ihr glaubt, den Kosmos erobern zu können,
indessen die Erde zugrunde geht;
entwürdigt durch unmenschliche Erfindungen,
die zu verwalten ihr nicht befähigt seid,
denn des Menschen Geist kann das Böse
nicht beherrschen ohne Gott;
entwürdigt also durch eure Gottlosigkeit.

O ihr Menschen,
weist die Helfer aus der Sternenwelt nicht zurück!
Sie erheben euch, die ihr gefallen seid,
sie heilen euch, die ihr,
eurer Menschenwürde entblößt,
Wunden empfingt,
und sie erziehen euch und führen euch
ins Glück der kindhaften Geborgenheit
in Gottes Liebe.

Durch H o c h m u t habt ihr euch entwürdigt,
und nur durch D e m u t könnt ihr
eure Menschenwürde wieder zurückerlangen.

I c h   l i e b e   e u c h ,
die ich euch mütterlich ermahne,
erfüllt von schwerster Sorge
um eurer Seelen Heil.

Es heißt des Himmels Botschaft: L i e b e!
Und alle Sterne strahlen diese Liebe aus,
die jeder einzelne von euch empfängt,
der nicht sein Herz verschließt oder den Schatten
engstirniger Gottverachtung sucht.

VIII

Wie glücklich könnt ihr alle sein,
denn Gott beschenkt euch reich!
Doch ist das Glück, beschenkt zu werden,
zu steigern durch das Glück des Schenkens.
Der innig Schenkende vereinigt sich mit Gott.

Gedenke ich der Schenkenden,
die täglich ihrer Liebe Gaben,
die sie aus ihres Herzens Reichtum schöpfen,
in Gottes Hände legen,
dann bricht ein Leuchten auf in meiner Seele,
das weithin seine Strahlen sendet.
Und meiner mütterlichen Mahnung an alle,
die sich n i c h t bewähren
im hohen Anspruch Gottes,
füg' ich mit Freuden meines Herzens Dank hinzu
an euch, ihr starken, reinen, edlen Menschen
hier auf Erden, die ihr als Kinder Gottes lebt,
als Schwestern oder Brüder Jesu,
als heilig ihm Verlobte,
denn reich beschenkt ihr ihn und mich
mit eurer Liebe.
Und ich umschließe euch in Zärtlichkeit
als meines hohen Lebens glückliche Erfüllung.

IX

Das sollt ihr wissen, die ihr Gott erfreut:
um euretwillen bewegt sich der Himmel,
um euretwillen erheben sich die Engelsscharen
und greifen nach den fallenden, entgleitenden,
unwürdigen Besitzern menschlicher Gestalt
mit ihren kümmerlichen Seelen
ohne den Adel göttlichen Empfindens —
um eurer Liebe, eurer reinen Seelen wegen
sollen auch sie erhoben und gerettet werden.

Ihr lebt bedrängt, bedroht,
geängstigt oder hoffnungslos
der Zeit entfremdet, die ihr nicht versteht,
und ihr verzagt, weil ihr euch machtlos wähnt
mit eurer Herzen brennendem Gefühl;
verzweifelt, wenn euch der gequälten Kreatur
millionenfaches Leid ergreift,
wenn ihr die Liebesgaben Gottes
mißachtet oder gnadenlos vernichtet,
unwiederbringlich untergehen seht.

Verzweifelt nicht!
Denn es berief der Herr der Welt
die Engelscharen seiner Sternenreiche
zur Z e i t e n w e n d e .

X

Die Grenze eures Bewußtseins
will ich erweitern;
zu eng ist sie gesetzt
durch die Materie der Schwere,
der ihr euch ergeben habt,
von der ihr euch beherrschen laßt,
indem ihr glaubt, ihr würdet sie beherrschen.

Die Grenze des Bewußtseins,
die die Materie eurem Denken auferlegt,
sollt ihr nun sprengen und niederreißen.
Wie eine Mauer aus schwerem Gestein
beraubt sie euch der Freiheit des Geistes.
D u r c h b r e c h t   s i e
und erobert euch die Freiheit der Seele
in der Herrlichkeit eines Lebens,
dem keine Grenzen gesetzt sind.

Eingeengt in Jahrzehnte,
verhaltet ihr euch wie entmächtigte Gefangene
und seid doch freie, starke, unermeßlich
reiche Menschen,
wenn ihr die Kraft eurer Herzen einsetzt,
die ihr aus Gottes Liebe empfangt,
wenn ihr euch darauf besinnt,
daß ihr aus   s e i n e m   G e i s t   entsprungen sei
um   s e i n e n   G e i s t   zu bezeugen!

Die S t i m m e d e s H e r z e n s
sollt ihr wieder hören lernen!
Sie erhebt sich in euch,
wenn die Sehnsucht in euch aufbricht,
Zeit und Ewigkeit zu vereinen;
wenn ihr, im Zeitlichen verhaftet,
nach jenen Stunden sucht,
die ihr verloren glaubt,
die euch entschwunden sind,
mit allem Licht, mit aller Wärme,
und die der Liebe wunderbarer Glanz
zu heil'gen Stunden werden ließ.

Ihr denkt, von Weh erfüllt,
daß Zeit nichts sei als nur ein Fluß,
der eures Lebens Schiff,
das ihr zu steuern euch bemüht,
mit Glück und Schmerz,
mit Freud und Leid beladen fortreißt,
bis es im stürzenden Gefälle
zerschellen wird.

Doch nur der Nebel eurer Unvernunft
gibt euch dies trübe Bild.
In diesen Nebel eures Denkens will ich nun
meiner Mutterliebe Sonnenstrahlen senden,
daß er sich wandelt in funkelnde Perlen
himmlischen Tau's —

ausgebreitet auf immergrünenden Wiesen,
darüber ihr hinschreiten sollt
als wissende, reife Menschen,
die ihr hohes Ziel kennen:
J e s u s .

XII

Es ist keine Anmaßung,
Jesus als Ziel zu erstreben,
vom Wunsch getragen,
ihm dienen zu dürfen
in heiliger Bindung an sein Herz,
um einbezogen zu werden
in den Kreis der schaltenden, waltenden,
tätigen Menschen,
die sein Wille lenkt.

Ein Ganzes zu werden mit Jesus,
ihm völlig anzugehören,
das ist es, was ihr in Demut
erstreben sollt; ihr könnt es!
Denn er erhebt euch
über euch selbst hinaus,
er zieht euch an sein Herz
und umschließt euch in Liebe,
mit stärkender Gotteskraft,
hier schon, im Zeitlichen,
dort dann im Ewigen,

in der Geborgenheit, Schönheit und Wärme
der lichten Sphären, in die er euch führt.

Er ist der Heilende,
der nimmermüde Helfer,
und ihm verbunden sein
heißt: l i e b e n.

XIII

Zeit ist verwoben mit Vergangenheit,
belastet durch Geschehnisse der bösen Tat;
Und ungetilgter Haß erhebt sich stets,
um neue Schuld zu säen.

Es haftet eurem Wandel hier auf Erden
ein Dunkles an, das es zu überwinden gilt.
Erringt den Adel eurer Seele
für kommende Geschlechter!
Erhebt euch über die Epochen der Geschichte
aus blut- und tränenschwerer Zeit!
Ein Liebesmaß sollt ihr erfüllen
in dieser Welt der Schwere.
Der Himmel wertet nur die Liebestaten
eures Lebens und nicht die Wunden,
die ihr schlugt oder im Streit empfingt.

Der Weg zum Licht
führt nicht durch den Morast vergangener Zeiten.

Der Weg zum Licht führt aufwärts,
steil empor in eine neue, bessre Zeit,
die zeitlos wirkt —
denn sie ist Anfang nur der Ewigkeit,
ein funkelndes Kristallgefäß,
in das die Erdenjahre sich ergießen
wie klare Wasser
aus dem Brunnen der Erkenntnis.

XIV

Ich will die zugeschlossenen Herzen öffnen,
die offnen Herzen aber
will ich bereichern
mit allen Gaben des Heils,
die mir die Gottheit zuerteilt.

Die Stille vor dem Sturm des Unheils
liegt schwül und schwerelastend
über der Erde.

Ich habe gewarnt in starken Bildern,
ich habe gerügt
und zu Gebet und Buße aufgerufen ...
Ich habe gebetet für euch,
ihr uneinsichtigen Sterblichen,
um eure unsterblichen Seelen zu retten.
Ich habe geweint um euch, ihr Gerechten,
die ihr getäuscht und geschmäht wurdet

eurer treuen Herzen wegen;
und ich half euch,
ihr Bürdetragenden, auf den schweren Pfaden
im Streifzug des Lebens
den Ruhm des unbekannten Sieges zu erringen,
den nur die Sterne verkünden,
weithin in den Sphären des Lichts.

Den Rosenkranz des Leids
durchlitt ich tausendfach
um euch, ihr Menschen alle.
O ihr bedürft meiner Liebe!
Denn stünde der Gottheit hohes Gericht
allein über euch, ihr hättet den Sturz
in die Tiefe längst schon getan.

Meine Liebe ist ein schützender Mantel,
der euch umhüllt
im Strahlenkranz des Lichts
aus dem Herzen des Einen,
den ich gebar.
Des ewigen Gottes zartestes Empfinden
liegt darin und aller Mutterliebe
milder Glanz.

Die Sterne aber
ziehen ihre Bahnen
nach ehernen Gesetzen.

Die Wunde aller Wunden
fügt ihr Sterngebundenen dem Vater zu,
wenn ihr euch nicht besinnt.

Noch liegen helle Streifen
über dem Dunkel eures Zeitgeschehens,
die euch das Licht des Himmels deuten;
noch leuchten helle Sterne der Liebe
über euch, um euch den Weg zu weisen,
den Weg des Heils.

Wenn sich aus euren Herzen, euren Seelen
ein Sturm erhebt im Ruf nach Gott,
dann lichtet sich das unheilschwere Dunkel,
und Gottes Engel führen euch
zu ungeahntem Lebensglück.

Den Liebenden, an Gottes Herz Gebundenen,
ist Zeit und Ewigkeit bereitet,
auf daß sie Gottes Ruhm verkünden
und sein Wort heiligen.

XV

Es ist an der Zeit ...

Es ist an der Zeit,
daß ihr Menschen den Zukunftsweg geht,
den Jesus Christus euch erbaute.

Die Geschichte der Erde ist,
kosmisch betrachtet, beendet.
Kosmisch besehen ist der Untergang
der Menschheit nicht mehr aufzuhalten.

Doch das Herz des Gottessohnes
band sich an die Erde,
und sein Wille ist
die Heilung ihrer Todeswunden.
Für den Gott, der sie erschuf,
soll sie weiterhin bestehen.

Wir betrachten aus der Ferne
die Verlorenheit der Menschen,
die sich nicht darauf besinnen,
daß sie Gottes Kinder sind.

Glücklich sind die Berufenen,
glücklich die Erwählten,
glücklich die helfenden, mitleidsvollen Seelen,
die sich auszeichnen durch Taten der Liebe,
einer Liebe,
die sich an Mensch und Tier verströmt,
an alles Leben, alles Blühen, alles Wachsen
unter dieser Sonne,
einer Liebe, die sich hinhebt
über Licht und Schatten dieser Erde,
hoch hinauf in Gottes Seele.

XVI

Die Rosen meiner Liebe
Ein Weihnachtsgruß

In meinen Gärten
blühen duftende Rosen,
abertausend Rosen in leuchtenden Farben.
Sie blühen für euch, ihr Liebenden,
ihr Seelen des Lichts,
in den sonnigen Gärten meiner Freude.

Und in den schattigen Hainen,
in denen ich wandle
zu meiner Erfrischung,
verkünden mir leuchtende Lilien
die Reinheit
der zartesten Seelen auf Erden.

Glücklich betrachte ich sie
und gedenke dabei
der unendlichen Freuden,
die euch erwarten,
ihr irdisch Belasteten,
wenn ihr aufgestiegen sein werdet
in unsere Welt.

Die Rosen des Lichts,
die ich euch sende,
könnt ihr nicht sehen,
den Hauch ihres Duftes
nicht wahrnehmen,
und doch erfüllen sie euch mit Freude
und geben euch den Frieden der Seele —
die Rosen meiner Liebe.

Zur heiligen Nacht
will ich euch wieder beschenken,
wenn die Kerzen eurer Andacht brennen,
damit der Raum,
in dem ihr des göttlichen Wunders gedenkt,
geschmückt sei
durch eine Gabe aus unserer Welt.

Ich blicke dann zu euch hernieder
und erfreue mich dieser Himmelsrosen,
die aufleuchten
im Glanz eurer Herzen.

Ich segne euch.

Maria

ZWEITER TEIL

I

Wenn ich in Liebe zu den Menschen
mich verströme,
ist es für G o t t.
Ich lebe nur für I h n.

Seht, ich bin des Gottes weibliches Gefühl,
bin sein zärtliches Empfinden,
bin verloren an den Geist der Ewigkeit.

Kelch bin ich
dem Wein der höchsten Liebe,
bin der weißen Lilie abgeklärte Strahlung,
bin der dunkelroten Rose Glut;
bin der Herzen Trost,
der Seelen tiefer Brunnen.

Demut bin ich,
wie ich Hoheit bin;
und es ruht der Gott in mir,
ruht nach jedem hohen Ansturm
seiner Weltenbrandung
am Gestade meines weiblichen Empfindens,
am Gestade meines Lichts.

Was ich bin, bin ich durch Gott;
was wir alle sind, sind wir durch ihn.
Was er ist, ist er in uns,

in uns allen, die er schuf,
in uns allen, die sein Geist erdachte.
So wie Gott in meinem Herzen ruht,
sollte er in jedem Menschenherzen ruhen;
denn was er vollbringt, ist über alle Maßen schwer,
ist so schwer, wie es kein Mensch erahnen kann.
Jesus nur trägt es mit ihm,
J e s u s.

II

Vieles verzieh der Vater seinen Kindern,
die unreif waren,
und es liegt in der Stunde des Todes,
in der Stunde des Erwachens zum geistigen Leben,
die große Barmherzigkeit Gottes
über den leidgeprüften Menschen.

Das aber sollt ihr den Unwissenden verkünden:
Noch niemals zuvor
waren die großen Gedanken Gottes
so ernst, so betrübt und so schwerelastend
auf die Menschheit gerichtet
wie in dieser Zeit.

Es ist nicht nur die Sündenlast
der Menschen gegen Menschen
durch Roheit, Grausamkeit, Gewalt und Tod,

es ist nicht nur der weltgefährdende Besitz
der noch gebannten Energien des Grauens,
womit ihr Gott zutiefst verletzt —
es ist die niemals dagewesene Vermessenheit,
mit der der Mensch der Gegenwart
sich Herr der Erde wähnt
und Gottes Schöpfung wie noch nie zuvor
mißachtet und zerstört.

Empfindungslos nimmt sich der Mensch das Recht,
empfindungsvolle Lebewesen,
die er hegen sollte, zu mißbrauchen.
Das Leid der ausgebeuteten, gequälten
und mißhandelten Geschöpfe
liegt wie ein schwerer Schatten
über der ganzen Menschheit;
und dieser Schatten
verdichtet sich von Tag zu Tag.

Wer die Natur verletzt,
geht an den Folgen seiner Tat zugrunde.
Wer Gott verletzt in seinem Schöpfungswerk,
erliegt den kosmischen Gesetzen.

Das Maß der Menschheitsschuld ist voll.
Ihr steht vor der Zeit der Entscheidung!

III

Wer seiner Seele Wert zerstört
durch herzlos kaltes Handeln
lebendigem Fühlen gegenüber,
durch Roheit des Gemüts und Grausamkeit,
der geht den Weg ins Schattenreich der Schmerzen.
Sein Schicksal ist besiegelt,
wenn er sich aus des irdischen Leibes Bindung löst.
Er ist verloren an die bösen Taten seines Lebens.

Entblößt steht er vor seinem Ich,
das wie ein Doppelgänger sich gestaltet hat,
mit allen Wesenszügen, die es hier entfaltete.
Und diesem Ich, mit seiner ganzen Schlechtigkeit,
ist er dann preisgegeben.

Was Menschen oder Tiere
an Schmerz und Leid, an Elend, Not und Qual
durch ihn erlitten,
muß er nun selbst durchleiden,
denn Schuld wird nur getilgt durch Sühne.
Schmerzvolle Reue nur in Selbsterkenntnis
während der Lebenszeit auf Erden noch
kann Milderung der grauenvollen Pein erlangen,
die sich die Seele selber auferlegt.

Nur im Gebet ist Hoffnung!

Wenn sich die Seele wandelt,
wenn sie zerbricht in ihrer Scham vor Gott
und qualvoll neu ersteht
im Sturz der Tränen —
kann sie Vergebung finden.

IV

Es glauben viele Menschen
an eine starke Gegenmacht der Gottheit,
an einen Teufel, dem sie sich verschreiben,
und an Dämonen, welche ihnen dienen.

Die Macht des Bösen aber
ist nichts als Trug und Hohn,
ist leeres Blendwerk nur und Irreführung;
denn so gewiß, wie sich kein Mensch
dem Tod entziehen kann,
steht Gottes Macht allein
hoch über allem Tun und Treiben
dieser Menschheit.

Und bäumt sich auch das Böse auf
und wirkt satanisch gegen Gottes heiligen Willen,
und greift es auch im Wahn der Macht
nach allem Reichtum und Besitz der Erde,
zuletzt verschlingt es nur sich selbst.

Sogleich nach seinem irdischen Tode
erkennt es jeder Mensch:
Es gibt nur e i n e Macht, die ihn ergreift,
die ewige Macht der göttlichen Gerechtigkeit.

V

Wer sich gefährdet fühlt auf Erden,
verfolgt vom bösen Willen schlechter Menschen
oder bedroht von dunklen Mächten,
der rufe Jesus an!
Vor seinem Strahlenkreuz zerbricht das Böse,
und keine Seele, die sich Jesus weiht,
berührt verderbenbringende Magie.

Jesus ist Licht,
ist Gottes Licht,
und Gottes Licht durchstrahlt
die dunkelsten Gewebe.

Fürchtet euch nicht:
ihr steht im Glanz der Ewigkeit!
Das Böse aber steht im Dunkel des Vergehens,
des Untergehens aller Lebenswerte,
denn es verdirbt sich selbst;
es tilgt sich aus.

Dies ist ein ewiges Naturgesetz im Kosmos:
daß nur das Reine, Edle, Starke fortbestehen kann.

Verachtet darum, stolz erhobenen Hauptes,
die heimlichen Verschwörer —
jedoch erkennt sie auch!
Sie klammern sich an diese Erde,
weil sie der Kosmos ausgestoßen hat
und sie mit allen schlechten und verdorbenen
Menschenseelen
auch niemals annimmt.

Ihr aber steht im Glanz der Ewigkeit.
Und wenn die ganze Erde zur Flamme würde
oder in einer großen Flut sich reinigte —
i h r   w e r d e t   l e b e n !

Und sagt dies euren Brüdern, euren Schwestern:
Ihr seid viel stärker, als ihr es erahnt!
Vertraut der Strahlungskraft
der edelmütigen Gedanken!
Die Kraft des hohen Menschenwillens,
der sich mit Gottes Willen vereint,
ist unermeßlich groß!

Schließt euch dem Heer der Edlen an,
die Jesus dienen,
und kämpft mit ihm für eure Zukunft,
in freudiger Erwartung,
dem höheren Leben zugewandt,
dem ihr entgegenreift zu Gottes Freude.

Darum zieh' ich euch an mein Herz:
um Wissende aus Gläubigen zu machen.

VI

Mensch sein heißt:

Gott bezeugen,
Jesus bekunden
und den Heiligen Geist aufnehmen.

Erscheint euch das schwer?

Ihr seid hineingewoben
in all das blühende, wogende, strömende,
schwingende Leben und Empfinden,
empfangt die Impulse des Höchsten
und nehmt die Strahlungen
der heiligsten Liebe
in euren Herzen auf ...
O ihr Zagenden, es ist nicht schwer —
wunderbar ist es, Mensch zu sein!

Erwacht aus den Träumen
der schlafenden Seele,
durchströmt von Gottes Lebenskraft
zu reifen und zu wachsen,
um als Mann oder Frau
Gottes Erwartungen zu erfüllen
und, geleitet von Engeln,
den heiligen Pfad zu gehen,
der durch des Lebens vielfältige Wandlungen
aufwärts führt
in die Reiche der Sternenwelt,

darin Schönheit und Glanz
in unendlicher Fülle bereitet sind
für euch, ihr Seelen des Lichts!

Wendet euer Denken dorthin
in den stillen Stunden der Versenkung,
in den schweren Stunden des Leids,
in den glücklichen Stunden inniger Gemeinsamkeit,
in den beseligenden Stunden der Liebe,
in den beschatteten Stunden des Schmerzes!

Wendet euer Denken dorthin,
wenn Enttäuschung und Verbitterung
euer Gemüt durchdringt
oder auch, wenn ihr euch einsam fühlt
und verlassen — und dies doch niemals seid!

Besiegt eure Schwächen
und erfühlt es in jeder Stunde der Besinnung:
wunderbar ist es, Mensch zu sein!

VII

Leichter sollt ihr leben,
ihr Schweregebundenen und Beengten,
leichteren Gemütes und freierer Seele!

Wenn euch des Lebens Leid
zu tief bedrückt,

wenn euch Vergangenes, Durchlittenes
zu schwer belastet
und eures Lebens Freude zunichte macht,
dann betet um die Gnade
des Überwinden- und Vergessenkönnens!

Aus Lethes Fluten
verteilen die Engel
an Irdische schon
lebenserhaltende Stärkung.

So wird euch das Schwerste ertragbar,
und eures Daseins Dunkelheiten
verklären sich im Licht der Zukunft.

Aus allem zeitgebundenen Leid,
aus Schmerz und Qual
wird Mensch und Tier erlöst.

Der Tod auf Erden
führt zu neuem Leben.
Kein Wunderwerk der göttlichen Natur
vergeht,
kein Hauch aus dem Odem Gottes
verliert sich im Nichts.

Verblüht das Leben hier,
so blüht es auf zu weiterer Entfaltung
in einer anderen, höheren Welt.

Nicht e i n Geschöpf
ist dort verlassen und verloren.
Geführt, gelenkt und liebevoll behütet
wird ein jedes,
und jedes trinkt den Quell
der Lebensfreude,
der nie versiegt.

Die kleinen und die kleinsten Lebewesen,
die in verschwenderischer Fülle
von der Natur gestaltet wurden,
vereinigt eine Artgebundenheit
und steuert ihre Lebenskraft
zu höherer Entwicklung.

VIII

F r e u d e
heißt der wogende Rhythmus
des kosmischen Lebens.
Laßt darum den Strahl der Freude
in euren Herzen nicht verlöschen!

Seid glücklich
im großen Bund der edlen Herzen;
denn ihr seid stark,
und es verstärkt sich eure Kraft
mit jedem Wort, mit jeder Tat
der L i e b e.

Es bauen die Himmlischen mit euch
an einer neuen Erde,
an einer neuen Zeit,
die heilig
sich mit Gottes Ewigkeit verbinden soll.

Die Wunder aus der Welt des Lichts
beginnen in euch selbst.
Sie entzünden sich am Funken Gottes,
der euch eingegeben ist,
und leuchten auf für euch
als Gnadengeschenke des Himmels.

IX

Wunder geschehen nicht nur Heiligen
und Erwählten;
sie sind Berührungen des zeitgebundenen Menschen
mit der Ewigkeit,
Erkenntnisse und Offenbarungen,
die jedes Herz erringen kann,
das sich an Gott verströmt.
Allein die Fähigkeit der Seele,
Gott zu lieben,
bewirkt ihr heiliges Erblühen.

Seht, ihr Empfindungsvollen,
ihr meiner Liebe bedürftigen Kinder,
es neigt sich zu euch die Mutter des Herrn,

und die Engel, die ihr ruft,
kommen zu euch!
Sie beweisen sich euch in zarten Strömungen
fühlbar, heilsam und stärkend.
Sie greifen helfend ein
im Ablauf eurer Tage
und wandeln euer Leben
in wunderbarer Weise.

Licht will ich senden
in eure Herzen,
Licht aus der Sternenwelt.

Sterne sind Verkünder des ewigen Lebens.
Schaut auf in den Himmel
und erfühlt
der Liebe vieltausendfältige Strahlungen!

X

Von den Welten des Lichts,
ihr Herzen der Liebe,
will ich euch berichten;
von den Reichen der Freude,
in denen ihr leben werdet,
glücklich und frei,
leicht und beschwingt
und beseligt durch Gottes Nähe,
wenn ihr einst auferstanden seid
aus der Schwere des irdischen Daseins.

Ihr Menschen reift auf dieser Erde.
Ihr seid dem Gottessohn verwandt
in einzigartiger Blutesbindung.
Ihr seid ihm zugehörig,
denn er war M e n s c h !
Ihr also geht den Weg des Heils,
den Jesus euch bereitet hat.

XI

So denkt es stets:
Wir greifen nach den höchsten Sternen,
wenn wir die Fackel unseres Herzens
für Gott entzünden.

Wir kennen unser Ziel.

Es gibt nur e i n e n Weg dorthin,
den wunderbaren, lichten Weg,
der sich emporhebt aus der Erdensphäre
hoch in die Reiche der Geläuterten
und weiter in die Welt der ewigen Lebensfreude.

Wir leben nur,
um aufzusteigen in Gottes Sternenwelt.

Wir schau'n nicht auf die ausgetretenen Pfade,
die seitlich unseres Weges
in Sumpf, Morast und Abgrund führen.
Wir stürzen nicht, denn Engel führen uns.

Wenn unseres Herzens Fackel leuchtet,
zieht sich ein goldenes Band des Lichts
weit durch den Raum.
Wir sind vereinigt, sind verbunden
mit den Sternen,
und diese deuten uns
in heiligen Zeichen glückverheißend
der Seele Zukunft.

XII

Uraltes Wissen habt ihr Menschen verloren,
doch wir bringen es euch wieder.
Wir streuen es aus, über den Erdball hin,
und Suchende finden es.

Es ist ein ständiges Ineinanderfließen
der Strahlungen
in den unendlichen Weiten des Kosmos.

Überall im Sternenmeer,
wo des Heiligen Geistes schwingende Wellen
sich verdichteten zu Form, Gestalt und Wesen,
blüht unseres Gottes größtes Wunder:
d a s   L e b e n.

Aus zeitgebundener Schwere erhebt es sich
zur höchsten, freiesten Entfaltung
in geistig-seelischer Daseinsform.

In unbegrenzter Vielfalt
entstand die kosmische Natur.
Doch alles Leben ist geprägt
von   e i n e m   göttlichen Gesetz,
das allem innewohnt und es beherrscht.

XIII

Alles Vollendete ist unvergänglich.
Seht nur die Blumen auf eurer Erde!
Sie blühen, um sich fortzupflanzen
im eingegebenen Trieb der Arterhaltung.
Doch greifen sie
in ihrer zeitgebundenen Schönheit
schon nach der Ewigkeit.

Seht nur der Frühlingsblüten
immer neues Wunder!
Wie bräutliche Schleier zieren sie die Erde,
wenn sie sich mit dem Sonnenlicht vermählen.
Zum Licht drängt alles,
zum Licht der Ewigkeit.
In allem geistdurchstrahlten Leben
erblüht das hohe Glück
des Sichverströmens, Sichverschenkens
aneinander.

Im Hingegebensein an Gottes Willen
vollzieht sich aller sinnlichen Empfindungen
Verklärung zu höchstem Lebensglück.
Und durch die Sternenwelten klingt
der Jubel der Vermählung.

XIV

Im hohen Willen Gottes bindet sich
weibliches und männliches Geschlecht
zur Lebenseinheit.
In diesen gottgelenkten Bindungen
schließt sich erneut zusammen,
was schon im Ursprung
der Entwicklung aller Seelen
Eins gewesen ist, ein Ganzes, das sich teilte;
denn Mann und Weib sind e i n Gedanke Gottes.

Wenn auch Jahrtausende vergingen
und schwere Schicksalswogen sie trennten:
im Ewigen sind Mann und Frau vereint
in wunderbarer Harmonie.

Wenn Menschen in der Welt des Lichts
noch ungebunden sind,
so nur, weil sie noch reifen müssen
und aufeinander warten.

Die Menschen, die sich schon auf Erden
mit Gott vereinigten,
in mystisch-seelischer Vermählung,
vereinigt Gott mit sich in unserer Welt
durch seine Engel.
In höchster Seligkeit empfinden sie
Gottes Berührung und seine Liebe,
die sie zart umschließt und ganz erfüllt.

Auch ihre Seelen müssen sich ergänzen
im Zueinanderfließen der Lebensströme
des männlich-weiblichen Geschlechts.

Allein ist niemand.

XV

In geistigem Fluge sollt ihr nun
den Raum durcheilen
bis in die Sternenwelt.

O ihr Träumenden,
ihr hoffnungsfrohen Herzen —
welch eine Fülle des Lichts,
welcher Reichtum der Farben,
welch vollkommene Schönheit
in unendlicher Vielfalt
erwartet euch dort!

Und doch ist es kein Übermaß,
das eure Augen blenden würde,
das eure zarten Seelen nicht ertrügen;
es ist Vollendung, Harmonie
und Ebenmaß in allem.
Und alles wird belebt durch Wandlung.

Der Menschen Tage sind erfüllt
mit Tätigkeit und frohem Wirken,
die Nächte bringen allen Ruhenden
Erfrischung, Stärkung und Belebung.

Mit leichten Schleiern nur
verhüllt die Nacht die träumende Natur.

Erlöst von allem irdischen Schmerz und Leid
erblüht das Leben dort
dem Schöpfergott zur Freude.

XVI

Meine Gäste sollt ihr sein,
ihr Getreuen!
Ihr wart es so oft,
wenn ihr vor den Altären knietet,
die eure Liebe mir erbaute.

Ihr wart es so oft,
wenn ihr, bedrängt von Not und Ängsten,
als Bittende zu mir gekommen seid,
wallfahrend, im Gewand der Armut
und Bescheidenheit,
Entbehrende, Leidtragende,
entsagungsvoll Liebende,
selbstlos Fürbittende,
Hoffnungsuchende,
Schmerzbelastete aus aller Welt.

Ihr wart meine Gäste,
und ich stärkte euch
mit den Gaben meiner Liebe.

Niemals gingt ihr vergeblich
den Weg zur Mutter!
Und keines eurer brennenden Lichter
blieb unerschaut.

Doch bin ich a l l e n gottverbundenen Menschen
Mutter, auch jenen, die auf Erden
noch nicht Verbindung zu mir suchten,
weil sie die Lenkung ihres Geistes
nur dem Verstand, nicht dem Gefühl
und dem Impuls des Glaubens überließen.
Doch der Verstand des Menschen
kann Gottes Wunder nicht erfassen.

Ihr könnt es nur versuchen zu verstehen,
wenn ich euch sage,
daß es im Kosmos sternartige,
empfangende und sendende Gebilde gibt
aus geistiger Substanz,
die einzig der Verbindung
zwischen den himmlischen Gebietern
und den Menschen dienen.
Sie sind der Weltenordnung eingefügt.
Gelenkt von höchsten Geisteswesen
dienen sie Gott und Gottes Sohn
und sind in ihrer nicht erklärbaren Funktion
auch mir zu eigen.

Sucht ihr mein Herz
in abertausend Kirchen
und seid zur gleichen Zeit

Millionen Menschen im Gebet,
so wißt und fühlt,
daß ich euch dennoch höre.

Doch denkt mich nicht
nach euren alten, heil'gen Schriften!
Die Erde lieh mir nur die Kraft,
den Keim des Himmels zu empfangen
und Jesus zu gebären.

Ich bin nicht *einem* Volk nur zugehörig.
In meines Blutes Strom
vereinigen sich die Quellen
urheiliger Liebeskraft
aus allen Völkern.

Ich stehe in Gestalt und Antlitz,
mit Geist und Seele,
Herz, Empfinden und Gefühl
hoch über allem, was ihr Menschen
in Liebe und Verehrung
von mir erdenken könnt.

In wunderbarer Vielfalt
verströmte sich zu allen Zeiten
der Gottheit Liebe zu den Menschen.
In heiligen Verbindungen
vollzog sich göttlich-menschliche
Vermählung.

Ich aber diene Gott allein,
in Hoheit, Herrlichkeit und Demut,
als K ö n i g i n   d e s   H i m m e l s.

Als Tochter dien' ich Gott dem Vater,
vermählt bin ich dem Heiligen Geist
und Mutter der lebendigen Verjüngung Gottes:
Jesus Christus.

Ich bin in meinem weiblichen Empfinden,
in der Verklärung ewiger Jugendschönheit,
die höchste, zarteste Erfüllung
dem Urgesetz der Liebe.
Und allen Menschen in der Sternenwelt
bin ich der Mutterliebe
heiliger Inbegriff.

XVII

Die Menschen auf den Sternen des Lichts
sind eure Anverwandten,
sind eure Brüder, eure Schwestern,
und alle warten sie auf euch.

Noch sollt ihr leben auf der Erde,
doch kommt die Zeit
des frohen Zueinanderfindens.

Wenn ihr euch nun zu geistigem Flug erhebt,
die Mutter zu besuchen,

enthebt euch gleichsam träumend
aller Erdenschwere,
werft sie wie einen dunklen Mantel ab
und folgt dem Ruf des Engels.

Ihr schließt die Augen nur für kurze Zeit
und öffnet sie erst wieder,
erwachend in ätherischer Gestalt,
in unserer Welt ...

Wahrheit ist alles!
Und der Traum dieser Worte
ist nur ein Bild eurer Zukunft,
das ich den Sternen entnehme,
um es euch darzureichen
als Geschenk meiner Liebe ...

*   *   *

Ihr seid erwacht,
und es ist nun der Engel Wunsch,
euch zu befrei'n vom Staub der Erde.
Sie führen euch darum zum Bad,
zu einem Brunnen aus Smaragd,
dessen Gefälle weiße Marmorbecken fassen.

Erfrischt, belebt, verjüngt
entsteigt ihr diesem Wasser
in seelisch-körperlicher Reinheit
und kniet danach, in weißer, seidiger Gewandung
auf einer Wiese nieder,
um meinen Segen zu empfangen.

Seht eure Mutter —
Sie ist die K ö n i g i n   d e s   H i m m e l s!
Doch keine ängstliche Empfindung
ehrfürchtiger Scheu befremdet euch;
L i e b e ist alles
und tiefstes, innigstes Vertrautsein.

Kommt an mein Herz nun, ihr Gesegneten!
Der Worte bedarf es nicht,
die Tränen eures Glückes
sind mir Dank genug.

XVIII

Doch kommt, da ihr nun meine Gäste seid,
und seht, was liebevoll euch anbereitet wurde:
ein Mahl, auf festlich schön gedecktem Tisch
in meinem Garten.
Genießt es froh und dankerfüllt,
wie Menschen Gottes Gaben immer
entgegennehmen sollten.

Alles Lebendige braucht Nahrung,
wie alles Leben atmen muß, um zu bestehen.
Die Gaben der Natur enthalten Lebenskraft,
die sich, im Wechsel der gereiften Werte,
in neue Lebenskraft verwandelt.

Es gibt kein Sterben und Vergehen
in unserer Welt.
Das Leben blüht im Austausch aller Werte.
Die Früchte aus der Pflanzenwelt
ernähren Mensch und Tier.

Alles Lebendige ist gebunden aneinander;
nichts kann für sich allein bestehen.

Im wunderbaren Aufbau des geschaffenen Leibes
vollzieht sich täglich Stärkung und Erfrischung
durch Speis und Trank.
Es prägt ein Grundgesetz den Körperbau
von allen Lebewesen.

Der Mensch, nach Gottes Ebenbild erschaffen,
erreicht die höchste Körperschönheit
mit der Vollendung seiner Seele.
Die Tierwelt wird im höheren Leben
bereichert noch durch viele Wandlungen
und weitere Entwicklung erdgeprägter Arten.
Die Körperformen gleichen sich
den neuen Lebensräumen und Naturgegebenheiten an.

IXX

Im großen Eins-Sein der gesamten Schöpfung
fließt heilige Lebenskraft durch die Natur.
Denkt sie als Odem Gottes.

Von Art zu Art verteilt sich diese Strömung,
so daß im Zueinanderfließen aller Schwingungen
sich jedes Leben durch das andere verjüngt,
erfrischt und stärkt und neue Kraft empfängt.

Sehr wichtig sind auch für die Menschen
der Tiere vielfältige Lebensstrahlungen.
Die Menschen brauchen sie.

Der Lebensodem Gottes
wird auf den Sternen des Lichts
ständig erneuert und erfrischt
durch das Leben selbst,
im Glück des Daseins ohne Schmerz und Tod.

Wir nennen nur jene Sterne „Welten des Lichts",
die Gottes Strahlung voll entgegennehmen.
Kein Schatten der Vergänglichkeit,
nichts Dunkles, Schweres, Niedriges
haftet den lichtverklärten Wesen
in diesen hohen Sphären an.

In der Verklärung der lebendigen Natur,
in ihrer wunderbaren Schönheit,
schwingen die zartesten Empfindungen
von Herz zu Herz,
und Gottes Liebe findet Widerhall
und sichtbare Erfüllung
in allen Menschenseelen.

XX

Ein Glücksgefühl,
das ihr in eurem Erdenleben nicht kennt,
durchströmt in unseren Sternenwelten
alle Lebewesen,
durchströmt die Menschen und die Tiere
und bricht hervor aus allen Blumen
im glutvoll starken Ausdruck
himmlischer Daseinsfreude.

Doch Freude wächst nur auf dem festen Boden
der Ordnung aller Dinge.
Im hohen Geisteswesen Mensch
vollzieht sich das Gesetz der Ordnung
in Demut und Gehorsam vor der Gottheit.

Der Gottheit Wille hat Gestalt und Wort
in jedem Engel
und findet Form im Aufbau aller Staaten,
die hohe Geistesfürsten lenken.
In Liebe, Schönheit, Harmonie und Ordnung
erblüht des Geistes Freiheit.

Ordnung prägt alles.
Und wie der Sterne Bahnen geordnet sind
im höchsten Willen,
so ist es auch der Menschen ewiges Leben.

XXI

Am Anfang aller Schöpfung war das Wort.
Das Wort entsprang dem Willen,
der Wille dem Gefühl,
und das Gefühl war L i e b e .

Liebe ist die Urkraft Gottes,
sie ist das Licht der Ewigkeit.

Der Sonne Licht verlöre sich
im dunklen Raum des Weltenalls,
wenn die Gestirne es nicht empfangen
und widerspiegeln würden.

Im Leuchten der Gestirne nur
beweist die Sonne ihre Strahlungskraft.
Greifbares braucht die Strahlung!
Darum erschuf sich Gott das Leben.

Die Liebe des allmächtigen Vaters
gleicht einer Sonne,
die ihre Strahlungskraft beweist
im Lebensglück aller unsterblichen Geschöpfe.

XXII

Nichts ist euch fremd in unserer Welt;
denn eure Seelen sind
auf diesem hohen Stern daheim.

Die Märchenträume eurer Kindheit,
die Sehnsucht eurer Jugendjahre,
die hoffnungsfrohe Ahnung eures Alters
von einem höheren Sinn des Lebens
erfüllen sich so selbstverständlich hier,
so tief vertraut und wahr,
wie Heimat ist dem Ferngewesenen.

Zutiefst vertraut ist Schönheit
jeder edlen, gottgebundenen Seele.
Was immer Schönheitssinn auf Erden
kunstvoll gestaltet hat,
entsprang dem Genius aus Gottes Welt.

Auf eurer Erde sind die Harmonien Gottes
jetzt verklungen,
der Engel Chorgesänge
verhallen weithin ungehört.

Noch liegt ein Glanz aus der Vergangenheit
über dem menschlichen Geschlecht,
den jedes reine Herz erfühlt
vor jenen Meisterwerken der Kultur,
die ihr „unsterblich" nennt.

Sie sind unsterblich,
unsterblich wie der Geist,
dem sie entsprangen.
Ihr nahmt sie auf aus einer hohen Welt,
in der sie waren
und immer fortbestehen werden.

Der abgefallene Mensch
empfindet gegen diese Werke
nur Haß und Widerwillen.
Er sträubt sich gegen alles Schöne, Edle, Große,
das er verhöhnt, zerstört, vernichtet.
Nichts ist ihm heilig.
Wert allein ist ihm das eig'ne irdische Leben
mit allem leeren Reichtum,
den er darin erlangt.

XXIII

In hehren Bauten früherer Geschlechter,
in alten Tempeln, Domen, Kirchen,
in manchen Schlössern auch und Burgen
habt ihr auf Erden noch
den Abglanz göttlicher Empfindung.

Im Lebensjubel der barocken Kirchen
zeigt sich der Seele überschwengliches Gefühl,
die Gotik prägte tiefer Ernst.
So huldigten in vielen Ausdrucksformen
die Menschen ihrem Schöpfer
und stellten ihren Schönheitssinn
und ihre Lebensfreude dar.

Auch in den Sternenwelten
hat sich seelisches Empfinden

zur Huldigung der Gottheit reich entfaltet
in Bau- und Bildwerk, Sprache und Musik.

Die Bauten der Verehrung Gottes
zieren schon weithin sichtbar unsere Städte,
die Edelsteinen gleich vor Gottes Augen liegen.

XXIV

Nun aber kommt,
erfrischt, gestärkt und frohen Sinnes,
und seht mein Haus!

Es ist kein Königsschloß mit funkelnden Zieraten,
doch ist es ein Juwel der Baukunst,
von Gottes Geist durchströmt.

Der Stern, in dessen Lichtkreis ich euch führte,
ist Ausgleichsort für viele Strahlungen,
in deren Schnittpunkt
Gott mir dieses Haus erbaute.
Aus weißem Marmor steht es hier auf einem Hügel,
hoch über einer glanzerfüllten Stadt,
die es wie eine Krone ziert.

Mein Heim ist Wärme, Schönheit,
Blumenduft und Sonnenglanz,
ist lichterfüllter Raum und weiter Blick.
Es ist behagliche Geborgenheit

im hohen Anspruch meiner Seele nach Einfachheit.
Ihr findet keinen Prunk in meinem Haus.
Luxus und Eitelkeit dringen nicht ein in unsre Welt,
doch edle Schönheit bindet alles.

Aus allen Sternenreichen kommen meine Gäste
zu ernstem und zu fröhlichem Beisammensein,
um nach der Weisung Gottes
im Austausch der Gedanken,
im Wechsel der Empfindungen
des Herzens Schwingung zu erfrischen
und neue, geistige Impulse zu empfangen
durch meines mütterlichen Wesens Wärme.

Der Mutter Liebeskraft
vereinigt alle Schwestern, alle Brüder
und führt zusammen,
was manchmal auseinander strebt,
wenn an des Geistes Funken
der Temperamente Feuer sich entzünden.
Doch bindet alle das Gefühl der tiefsten Liebe.

XXV

Ihr trefft in meinem Hause
die getreuen Freunde aus meinem Erdenleben,
die ihr wohl kennt.
Das Elternpaar, dem ich geboren wurde —
im tiefen Glück des innigen Verbundenseins
wohnt es in meiner Nähe und weilt sehr oft bei mir.

Ihr seht bei mir die Jünger eures Herrn,
die ersten Menschen alle,
die seine Brüder, seine Schwestern waren
im irdisch-menschlichen Vertrautsein,
die Männer und die Frauen seiner Wanderjahre.

Der hehre Gast Johannes — Jochanaan der Täufer —
erhebt sich über diese Schar
durch seine Körpergröße.
In seiner ernsten Männlichkeit und Würde
ragt er hervor gleich einem König über Fürsten.

Niemals erlag sein Geist
den Schwankungen der Seele,
den Wechselstürmen des Gemüts!
Er ist wie eine Säule, die Gottes Tempel trägt
schon seit Jahrtausenden.

Der Erde Zeitmaß fließt in abgemessenen Wogen
auch in die Ewigkeit
und wird im Maß der kosmischen Epochen bewertet.

Zum Kreis der Erdgeborenen,
die meine Gäste sind, gehören alle Menschen,
die heilig sich mit Gott vereinigten,
und jene, die durch Edelmut und hohe Geistestaten
das gottgewollte Menschenbild verkörperten.

Auch aus der vorchristlichen Zeit
sind viele edle Menschenseelen zu uns gekommen.
Aus dem Elysium der Geschlechter
ihrer Hochkulturen
wurden auch sie der Geisteshoheit Jesus Christus
zugeführt.

XXVI

Den Lichtkreis dieser Edelsten
bereichert oft durch seine Herzenswärme
Joseph, der Mann, dem Gott mein Erdenleben
anvertraute.

Joseph dient Gott
durch seine Tätigkeit auf Erden.
Sehr stark und liebevoll
ist er euch zugeneigt.

In seiner ruhigen Wesensart
versteht er alle Kümmernisse,
Sorgen und Schmerzen eures Erdenlebens.

Er hilft euch immer, wenn ihr ihn ruft
und Hilfe möglich ist
im Lebensstrom des einzelnen Geschicks.

In hehrer Männlichkeit
und einfach starkem Fühlen
ist Joseph Gott zutiefst ergeben
und mir in demutsvoller Liebe angehörig.

Er weilt sehr oft mit mir
im Sphärenkreis der Erde.
Doch jetzt sollt ihr ihn freudevoll begrüßen
und seine Herzenswärme fühlen,
wenn er euch väterlich in seine Arme schließt.

XXVII

Ihr, meine Kinder,
die ihr ausgeflogen seid,
die Mutter zu besuchen —
heimwärts ruft euch die irdische Natur
zurück zur Erde, wo eure Herzen schlagen.

Doch ehe wir nun Abschied nehmen,
schaut nochmals in das weite Land hinaus!

Sonnendurchflutet liegt die Stadt vor euren Augen
im Glanz ihrer Kuppeln und Türme.
Es leben Menschen dort, wie ihr es seid,
doch sind sie um ein Unsagbares glücklicher,

denn sie leben vereint mit Gott,
und die Engel des Herrn
pflegen Umgang mit ihnen.

Jesus weilt oft auf diesem Stern des Lichts,
und jeder Mensch hier ist in gleicher Weise
ihm zutiefst verbunden,
denn jeder nahm ihn auf in sich
als das Brot des Lebens,
als den Wein des Lichts.

Die Stadt mit ihren blühenden Gärten
verliert sich in erntereifen Feldern
und weithin ausgebreiteten Wiesen,
auf denen Tiere weiden.
Im Norden die Berge,
deren silberne Flüsse
in kristallklare Seen münden.
Und in der Ferne
die Gipfel der Gletscher —
Fanale Gottes
und heilige Zeichen erhabener Einsamkeit.

Es ruft die Natur ringsumher
die Menschen der Stadt
in die Stille der schattigen Haine,
in die Dome der hohen Wälder —
im Süden das Meer
mit den sonnigen Buchten
und den warmen Gestaden ---

Nehmt dieses Bild
der Schönheit und des Friedens
mit in eure irdische Welt;
es ist ein Bild eurer Heimat!

So reiche ich euch nun den Abschiedstrunk,
der euch müde macht wie schwerer Wein,
und ich segne euch nochmals.
Die Engel umhüllen euch sanft
mit den Schleiern des Schlafes.

Wenn ihr erwacht, ist es Tag auf der Erde,
und die Schatten des Leids und der Schmerzen
umgeben euch wieder,
doch eure Seelen sind von Glanz erfüllt,
denn ihr wißt um die Liebe der ewigen Gottheit,
und ihr kennt eures Lebens Ziel.

*

XXVIII

Ihr Herzen der Liebe,
ihr Seelen des Lichts
auf der beschatteten, unheilbedrohten Erde,
glaubt es, ihr seid nicht verloren!
Großes werdet ihr vollbringen,
denn Jesus ist mit euch,
und die Liebe der göttlichen Mutter
umschließt euch immer.

* * *

Einige Weisungen will ich euch noch geben.

Ihr kennt die Gebote
der menschlichen Ordnung und Sitte —
haltet sie ein!

Gutes sollt ihr tun,
sollt Rechtes denken
und niemals Böses dulden, das ihr verhindern könnt;
sollt Schmerzen stillen,
Trost und Hoffnung schenken
und Licht ausstrahlen
in die Dunkelheit der Lebensangst;
sollt Fackelträger sein
auf steinigen Pfaden
und immer wieder, b e t e n d,
e u c h   m i t   G o t t   v e r e i n i g e n !

Haltet euch rein!
Haltet die Erde rein!
Beschützt, was Gott erschuf,
und bringt durch eures Geistes Kraft
die schlecht gewordenen Menschen
zur Besinnung!
Führt sie zurück zu Gott,
bessert und rettet sie!

Einfach sei euer Leben und natürlich,
dabei erfüllt vom tiefen Glück
der Gottgebundenheit.

Und lehrt auch eure Kinder so zu leben,
doch denkt dabei daran, daß Frohsinn,
Heiterkeit und Lebenslust
auch Gaben Gottes sind!

IXXX

O ihr zagenden,
fragenden,
suchenden,
bangenden Menschenkinder,
glaubt es:
auch die Freude ist ein göttliches Gebot,
und sie erfüllt den Kosmos mit Jubel.
Die Freude des Lebens,
die aus dem Urquell der Liebe Gottes

hinströmt durch die unendlichen Weiten
des Sternenalls.

Darum streift der Erde Drangsal
und des Gemütes Schwere auch einmal ab,
wenn ihr euch hinkniet vor eure Mutter,
und reicht mir die Freude eures Herzens dar
wie einen Blumenstrauß der Dankbarkeit!
Dann lächle ich euch zu,
beschenkt und schenkend zugleich.

Blumen der Freude bringt mir,
ihr Seelen des Lichts,
und die Schmerzen dieser Welt
will ich leichter tragen.

XXX

Vernünftig sollt ihr leben,
vernünftig sollt ihr handeln
und vernünftig sollt ihr beten!

Sendet eure Gedanken
in einfachen Worten zum Himmel;
Gott versteht euch immer!

Ein aus der Seele kommendes, kurzes Gebet
erfreut Gott mehr

als langzeit hingesprochene Worte,
in deren Sinn ihr euch nicht einfühlt.

Schon wenige Augenblicke,
in starker Geistesströmung an Gott gedacht,
bewirken eine Straffung jenes heiligen Bandes,
das jedes Menschenherz mit Gottes Herz
verbindet.

Sendet eure Gebete,
getragen von der Liebe eures Herzens, zu Gott.
Dankt ihm für alle Freuden eures Lebens
und bittet ihn um Schutz und Stärkung!

* * *

Ich bete mit den Gläubigen
in aller Welt.

Ich rufe euch auf zu Gebet und Umkehr!
Denn nur Gebet und Umkehr zu Gott
können euch retten.

Ich erhebe die Schauenden
in die Reiche des Lichts.
Ich spreche zu den Hörenden
von Gottes Herrlichkeit,
von Gottes Liebe,
von Gottes Schmerz.
Und ich verbinde die Betenden
mit den erhabensten Seelen des Himmels.

Ruft sie an,
diese Seelen der Reinheit,
der Kraft und der Liebe!
Ruft sie an,
die Engel Gottes!
Sie alle wollen euch helfen,
denn sie alle dienen Jesus.

Und bittet Gott
um die ständige Nähe
des euch beschützenden Engels!

Engel sind Gottes ausgebreitetes Gefühl,
Engel sind Gottes Liebesstrahlung.

Niemals seid ihr verlassen.
Vertraut auf Gott
in jeder Stunde eures Lebens!

*

WENN DIE OSTERGLOCKEN LÄUTEN

Es ist Osterzeit,
und ein neuer Frühling will sich bereiten.

Sucht nun die Stille, ihr Menschen!
Viel zu laut ist euer Leben.

Leise wandeln die Boten des Lichts unter euch,
leise nur sprechen sie zu euch,
und nur in der Stille könnt ihr sie verstehen.

Schweigt, ihr Lärmenden,
wenn die Osterglocken läuten
und euch das Fest der Auferstehung verkünden.
Schweigt und hört auf die Glockentöne,
denn Gott spricht darin auch zu euch!

Oder ist euch euer leeres Geschwätz
um die eitlen Dinge der kurzen Tage
wichtiger als die Schwingung eures Herzens
im Glockenklang,
als die Berührung eurer Seele
mit der Seele Gottes,
als die Verbindung eures Geistes
mit dem Geist der Ewigkeit?

Es haben die Menschen
das Vermächtnis der Liebe des Gottessohnes
schlecht verwaltet —
zwei Jahrtausende hindurch!
Und die heiligsten Gaben seiner Liebe
ließen ihre groben Hände zu Boden fallen,
daß sie zerbrachen.

O ihr Christen,
wie oft seht ihr die Dornenkrone
auf dem Haupt des Gekreuzigten
und denkt nicht daran,
daß ihr selbst Dornen seid
in dieser Krone des Leids,
schmerzende Dornen
auf dem Haupt des Erlösers!

Und ihr solltet doch leuchtende Edelsteine sein
auf der Königskrone seiner Herrlichkeit!

O ihr Menschen,
die ihr noch nicht zu Gott gefunden habt,
ihr glaubenslosen,
ihr entglittenen,
ihr überheblichen
und selbstherrlichen Menschen:
nichts als Staub wäret ihr
ohne Gott!

Und all eure Deutungen und Erklärungen
der Dinge des Lebens

sind nur ein hilfloses Stammeln
vor der Herrlichkeit Gottes,
vor der Herrlichkeit seiner Schöpfung.

Mit jedem Versuch, tiefer einzudringen
in die Geheimnisse der Natur,
zerstört ihr nur heilige Werte,
ihr forschenden, erfindenden, suchenden Menschen.

Es liegt kein Segen auf eurer Arbeit,
durch die ihr Lebenswerte zu steigern hofft
oder, vom Geist des Untergangs gelenkt,
Leben vernichten wollt.
Es liegt kein Segen auf euren Wagnissen
und grausamen Versuchen,
denn ihr habt es vergessen, Gott zu suchen!

Lernt es wieder,
eingebunden in die Gesetze und Ordnungen
der Natur zu leben.
Nur dann könnt ihr überleben!

Wohin geht ihr denn
in eurer seelischen Leere,
ihr Glaubenslosen
und ihr schwächlich versagenden Christen?

In welche Einsamkeit und Öde
verirrt ihr euch,
und in welche Verzweiflung stürzt ihr
an der Grenze des irdischen Lebens!

So aber sollen Menschen nicht enden
im zeitlichen Sein,
so nicht!
Denn a l l e sollt ihr einmal auferstehen!

Denkt daran,
wenn die Osterglocken läuten!

AUSKLANG

Die feineren Sinne
will ich euch wieder erschließen,
die lichtempfänglichen, zarten, schwingenden
Sinne der Seele.

Heilig erfassen euch neue Strömungen,
und ihr fühlt, daß ihr mehr seid
als nur Menschen der Erde,
geboren für wenige Jahrzehnte
und Staaten zugehörig,
die einander bedrohen oder bekämpfen.

In euch allen ist mehr göttliche Kraft,
als ihr wißt,
und ihr seid reicher begabt,
als ihr zu hoffen wagt.

Einzelne spreche ich an:
Sehende, Hörende, Empfindende
in allen Völkern,
und ich spreche in vielen Sprachen ...
spreche zu Kindern,
spreche zu Reifenden,
spreche zu selig erkennenden Menschen,
spreche zu allen, die zu mir beten,
und sie verstehen mich in ihrer Seele.

Ich ziehe a l l e Menschen an mein Herz,
die sich vor Gottes Herrlichkeit verneigen.

L i c h t will ich senden auf eure Erde,
um euch den Weg zu weisen,
der zu Gott führt,
zu Jesus Christus,
zum Licht der Ewigkeit.

Amen.

Buchveröffentlichungen von Gerda Johst:

Das ungeschliffene Juwel – ein Gottesgeschenk zur
Zeitenwende 272 Seiten, Leinen DM 32,–
Taschenbuch DM 16,80

Die Rosen meiner Liebe – Maria spricht zu uns
86 Seiten, Leinen DM 25,–

Im Sternenglanz der Ewigkeit
274 Seiten, Leinen DM 36,–

Als Cassetten, ungekürzt gelesen von Gerda Johst:

Das ungeschliffene Juwel, 6 Cassetten DM 61,50

Die Rosen meiner Liebe, 1 Cassette DM 16,–

Gerda Johst

DAS UNGESCHLIFFENE JUWEL

Ein sprachliches Juwel von kristallklarer Schönheit, unge-
schliffen — d. h. unbearbeitet von Menschenhand — wird in
diesem Buch, so wie es empfangen wurde, als Gottesgeschenk
und leuchtendes Kleinod aus einer anderen Welt den Lesern
überreicht.

Im ersten Teil verfolgen wir mit Spannung die Geschichte eines »Wunders«, das sich vor wenigen Jahren erst ereignet hat.
Eine Frau unserer Zeit, die, ohne christliche Erziehung aufge-
wachsen, ihren Kindheitsglauben an Gott verlor und später
aus Überzeugung konfessionslos blieb, erkennt durch den jä-
hen Ausbruch einer medialen Begabung, der sie zunächst fas-
sungslos gegenübersteht, tief getroffen, daß es mehr gibt als die
Realität des irdischen Lebens. In spielerischer Unbefangenheit
der Führung ihrer Hand nachgebend, stößt sie ein Fenster auf
zur jenseitigen Welt und gerät dadurch in schwerste Bedräng-
nis. In letzter Not vernimmt sie die Stimme eines Engels: sie
fleht den längst vergessenen Gott um Hilfe an und wird nicht
nur erhört, sondern zu ihrer unbegreiflichen Überraschung zu
einem Werkzeug Gottes berufen. Jesus Christus erscheint ihr
und fordert sie auf, ihm zu dienen und ein Buch zu schreiben,
das ihr eingegeben werden soll.

In diesem hier vorgelegten Buch werden uns in vielen durch
automatisches Schreiben und inneres Hören aufgezeichneten
Berichten Einblicke gewährt in die wunderbare Wirklichkeit
der Überwelt. Wir erfahren von geheimnisvollen kosmischen
Mächten und Gewalten mit Namen rätselhaften Ursprungs,
von der hierarchischen Ordnung, von den Göttern der Antike
und von liebevoll uns umsorgenden Schutzengeln. Und wir er-
halten Botschaften von Jesus und Maria, die in ihrer Schlicht-
heit und Größe von biblischer Aussagekraft sind und höchste
zeitgemäße Bedeutung für uns alle haben.

272 Seiten, Format 13,7 x 21,3 cm, Leinen DM 32,-
Taschenbuch DM 16,80
Gelesen von Gerda Johst, ungekürzt auf 6 Cassetten DM 61,50

REICHL VERLAG · DER LEUCHTER · D-56329 ST. GOAR

LEUCHTERBÜCHER

(Auswahl)

REICHL VERLAG · DER LEUCHTER · D-56329 ST. GOAR
Gesamtverzeichnis des Verlages auf Anfrage